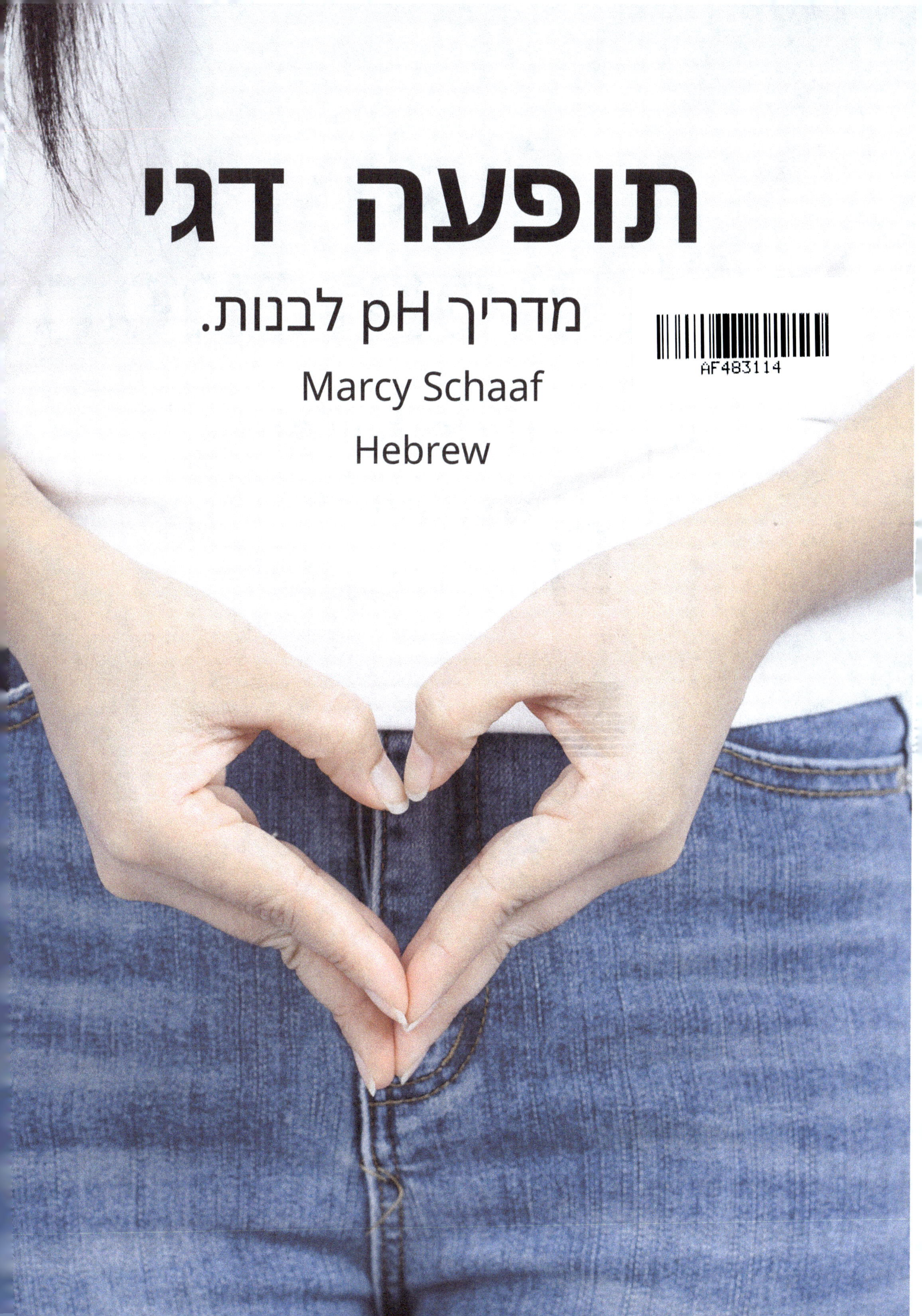

תופעה דגי
מדריך pH לבנות.
Marcy Schaaf
Hebrew
AF483114

Fishy
pHenomenon
A pH guide for girls.
Marcy Schaaf
Hebrew

Welcome to the bubbly world where suds, giggles, and pH mysteries await! In "pHishy pHenomenon," we stumbles into soapy chaos, discovering that using the wrong pH balance can turn a bath into a bubbling blunder. Get ready for a hilarious adventure filled with slippery slides, hay bale hair, and a superhero's skin suit gone wrong! Until we find the secret to perfect pH, or will we be caught in the soapy shenanigans of the pHishy pHenomenon? Dive into this bubblicious tale, and let the laughter and learning begin!

ברוכים הבאים לעולם המבעבע בו מחכים קצף, צחקוקים ותעלומות pH! ב-"pHishy pHenomenon", אנחנו נקלעים לכאוס סבון, מגלים ששימוש באיזון pH שגוי יכול להפוך אמבטיה לשגיאה מבעבעת. התכוננו להרפתקה מצחיקה מלאה במגלשות חלקלקות, שיער חבילות חציר וחליפת עור של גיבור על השתתבשה! עד שנמצא את הסוד ל-pH המושלם, או שמא ניתפס בשטויות הסבון של תופעת ה-phishy? צלול לתוך הסיפור המבעבע הזה, ותנו לצחוק וללמידה להתחיל!

understanding pH effects
1 2 3 4 5 6 7 8 9 10 11 12 13 14
Strongly Acidic
Weakly Acidic
Weakly Alkali
Strongly Alkali

הבנת השפעות pH
1 2 3 4 5 6 7 8 9 10 11 12 13 14
Strongly Acidic
Weakly Acidic
Weakly Alkali
Strongly Alkali

Today, we learn the
magic of pH balance!

היום, אנו לומדים
את הקסם של
איזון pH!

Bubble Bath Bonanza!

High pH bubbles—uh-oh! The bubbles pop,
and a not-so-sweet smell fills the air.

Lesson:

High pH smells bad!

Let's find the perfect pH for our bubbly adventures.

Bubble Bath Bonanza!
בועות pH גבוהות - אה-הו! הבועות
קופצות, וריח לא כל כך מתוק
ממלא את האוויר.

שיעור:

pH גבוה מריח רע!

בואו למצוא את ה-pH המושלם להרפתקאות המבעבעות שלנו.

Face Wash Fiasco!

Low pH face wash—oops!
Your face turns oily, like a
slippery slide!

פיאסקו לשטוף
פנים!

שטיפת פנים עם pH
נמוך - אופס!
הפנים שלך הופכות
לשמנוניות, כמו
מגלשה חלקה!

Tip:

Low pH makes skin oily. Let's discover the ideal pH for a fresh-faced feel.

עֵצָה:

pH נמוך גורם לעור להיות שומני. בואו לגלות את ה-pH האידיאלי לתחושת פנים רעננה.

Shampoo Shenanigans!

High pH shampoo—splash!
Makes hair feels like a
hay bale!

שמפו

Shenanigans!

שמפו pH גבוה - התיז!
גורם לשיער להרגיש
כמו חבילת חציר!

High pH makes hair sad, Let's uncover the secret of luscious locks with perfect pH.

pH גבוה הופך את השיער לעצוב, בואו נגלה את הסוד של מנעולים יפים עם pH מושלם.

Bar Soap Blunder!
Low pH soap—eek!

Skin feels tight,
like a superhero's suit
gone wrong!

בלנדר סבון בר!
סבון Hק נמור - אייק!

העור מרגיש מתוח,

כמו חליפת גיבור על

השתבשה!

Let's unveil the mystery of soft,
supple skin with the right pH.

The magic number—7!
Just like tap water,
it's the skin's best friend.

בואו נחשוף את המסתורין
של עור רך וגמיש עם ה-pH
הנכון.
מספר הקסם-7!
בדיוק כמו מי ברז, זה
החבר הכי טוב של העור.

Perfect pH Party!

Bubble Bash:

Our skin loves pH 7!
It's the magic number for a
bubbly, fresh, and fantastic
feeling.

מסיבת pH מושלמת!

בועה בש:

העור שלנו אוהב pH
7!
זה מספר הקסם
לתחושה מבעבעת,
רעננה ופנטסטית.

Marvelous Makeover!

Use all pH 7 goodies—a bubbly bath, fresh face, silky hair, and soft skin!

מהפך נפלא!

השתמש בכל המוצרים הטובים של pH 7 - אמבט מבעבע, פנים רעננות, שיער משיי ועור רך!

Let's share the magic
of perfect pH
with our friends.

בואו לחלוק את
הקסם של HPq מושלם
עם חברינו.

Bubbly Ballet:

Dance with us,
Feel the magic of perfect pH
and let the fun begin!

בלט בועות:

רקדו איתנו, הרגישו את הקסם של Hp מושלם ותנו לכיף להתחיל!

Tell the secrets of perfect pH .

ספר את הסודות של pH מושלם

What happens with low pH?

מה קורה עם pH נמוך?

What
happens with
high pH?

מה קורה
עם pH
גבוה?

What soap is right for your skin?

איזה סבון מתאים לעור שלך?

1 2 3 4 5 6 7 8 9 10 11 12 13 14
Strongly Acidic
Weakly Acidic
Weakly Alkali
Strongly Alkali